The Usborne Bo

Everyday Words in Spanish

Designer and modelmaker: Jo Litchfield

Editors: Rebecca Treays, Kate Needham and Lisa Miles
Spanish language consultant: Esther Lecumberri
Photography: Howard Allman
Additional models by: Stefan Barnett
Managing Editor: Felicity Brooks
Managing Designer: Mary Cartwright
Photographic manipulation and design: Michael Wheatley

With thanks to Inscribe Ltd. and Eberhard Faber for providing the Fimo® modelling material

Everyday Words is a stimulating and lively wordfinder for young children. Each page shows familiar scenes from the world around us, providing plenty of opportunity for talking and sharing. Small, labeled pictures throughout the book tell you the words for things in Spanish.

There are a number of hidden objects to find in every big scene. A small picture shows what to look for, and children can look up the Spanish word for the numbers on page 43.

Above all, this bright and busy book will give children hours of enjoyment and a love of reading that will last.

La familia

la hermana   el hermano

la hija   el padre

el hijo   la madre

el gato

la abuela

el abuelo

el nieto   la nieta

el perro

La ciudad

la gasolinera

Busca quince coches

el supermercado

las tiendas

el hospital

la piscina   el colegio   el estacionamiento   el cine   el puente

La calle

Busca doce pájaros

la panadería

el camarero

el policía

la farmacia

la silleta

la parada de autobús

la carnicería

el perro

el café

el monopatín

el bombero

el cochecito de niño   el farol   la oficina de correos   el gato   el panadero

La casa

Busca ocho tazas

la puerta   la manilla   la alfombra   el techo   el pasamanos

el ático

el dormitorio

el estudio

el cuarto de baño

el cuarto de estar

el vestíbulo

la cocina

la chimenea

el interruptor de la luz

el tapete

la ventana

la escalera

9

El jardín

 Busca diecisiete gusanos

la oruga

la maceta

la abeja

la azada

el hueso

la babosa

la mariquita

la hoja

el caracol

la hormiga

el rastrillo

la casita del perro

el árbol

la parrilla

la mariposa

la carretilla

las semillas

el nido

la cortadora de pasto

11

La cocina

 Busca diez tomates

el fregadero

el cuchillo

la lavadora

el tostador de pan

la silla

el platillo

la mesa

la taza

la sartén

12

el microondas

el tenedor

el colador

la estufa

la cuchara

el recogedor

el lavaplatos

el plato

el cazo

la jarra

el tazón

el refrigerador

Los alimentos

la galleta   el pan

la pasta   el arroz   la harina   el cereal

el jugo   la bolsita de té   el café   el azúcar

la leche   la crema   la mantequilla   el huevo   el queso   el yogur

el pollo   el camarón   la salchicha   el tocino   el pescado   el chorizo

el jamón   la sopa   la pizza   la sal   la pimienta   la mostaza

la salsa catsup   la miel   la mermelada   las pasitas   los cacahuetes   el agua

la piña   la pera   la lima   el limón   el melocotón   el chabacano

la cereza   el plátano   la fresa   la frambuesa   el mango   la toronja

la ciruela   el coco   la naranja   la sandía   el melón   las uvas

la manzana   el kiwi   el tomate   el aguacate   la papa   los ejotes

la calabacita   la col   la cebolla   el champiñón   la zanahoria   la berenjena

el porro   el brócoli   la coliflor   los guisantes   las espinacas   la remolacha

la lechuga   el apio   el maíz   el pepino   el chile   el pimiento

El cuarto de estar

el disco compacto

Busca seis casetes

el monedero

el sillón

el aspirador

la cinta de vídeo

el sofá

el vídeo

el estéreo

el rompecabezas

la televisión

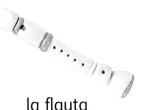

la flauta

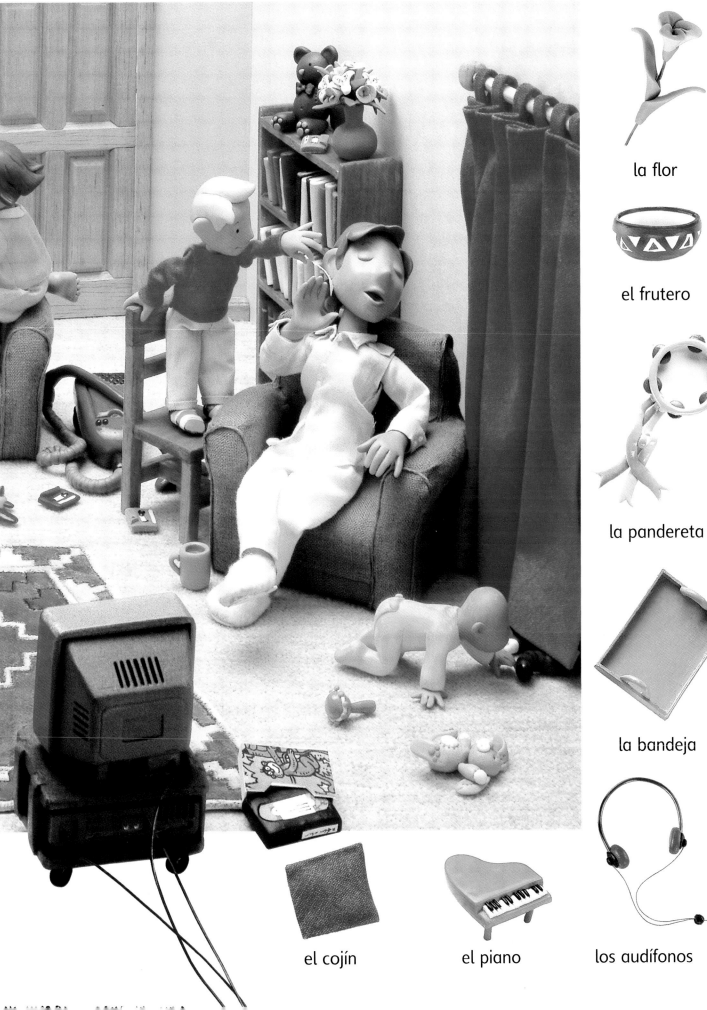

la flor

el frutero

la pandereta

la bandeja

el cojín

el piano

los audífonos

17

El estudio

 Busca nueve plumas

el escritorio

el computadora

el teléfono

la revista

la guitarra

la planta

el libro

el lápiz de color

la fotografía

18

El cuarto de baño

Busca tres barcos

el jabón

el lavabo

la toalla

el tapón

el inodoro

la bañera

el papel higiénico

el peine

el champú

la ducha

El dormitorio

 Busca cuatro arañas

el cocodrilo

la trompeta

la cómoda

el robot

la cama

el osito de peluche

el cohete

la muñeca

el tambor

la nave espacial

 el elefante

 el casete

 la serpiente

 el despertador

la marioneta

la mesita

el león

la manta

la jirafa

las cartas

21

En la casa

la pasta de dientes

el cepillo de dientes

el periódico

la carta

la persiana

la cortina

el edredón

la almohada

el álbum de fotos

la tabla de planchar

la plancha

la máquina de coser

el jarrón

el ratón

el orinal

la esponja

el grifo

el cepillo

el espejo

el bote de la basura

el detergente

la calculadora

los juguetes

la lámpara

El transporte

la ambulancia

el camión de bomberos

el coche de policía

el helicóptero

el camión

el coche

la escavadora

el patinete

el barco

la canoa

la caravana

el avión

el globo aéreo

el tractor

el taxi

la bicicleta

el autobús

la moto

el submarino

el tren

el coche de carreras

el camión (de reparto)

el teleférico

el coche deportivo

La granja

 Busca cinco gatitos

 el cerdito   el cerdo

 el ganso

 el toro

la vaca

 el becerro

 el gallo   el pollito   la gallina

24

el granero

el conejo

la oveja

el cordero

el estanque

el burro

la cabra

el granjero

el pavo

la puerta

el patito

el pato

el cachorro

el caballo

25

La clase

Busca veinte lápices de colores

el sacapuntas

el caballete

la pluma

el papel

el rotulador

la tiza

el colgador

las tijeras

la pizarra

la cuerda

el taburete

el lápiz

la goma

la cinta adhesiva

el pegamento

los cubos

la pintura

el pincel

el profesor

el reloj

el cuaderno

la regla

La fiesta

Busca once manzanas

la grabadora

el regalo

el pirata

el vaquero

la médica

las papitas fritas

las palomitas

el globo

el listón

28

el pastel

 el chocolate

 el helado

 la tarjeta

 la bailarina

 la sirena

 el astronauta

el dulce

la vela

la paja

la silla alta para niños

 el payaso

29

El camping

Busca dos ositos de peluche

la maleta

la tienda
de campaña

la cámara de fotos

la radio

la mochila

la cédula de identidad

la linterna

el carrete de película

 el dinero

 la pelota de fútbol

 el paraguas

 el mapa

 los prismáticos

el gatito

el billete

La ropa

 la camiseta

 los vaqueros

 el peto

 el vestido

 la falda

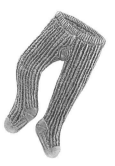 las mallas

el pijama

la bata

 la camiseta

 el babero

 el jersey

 el suéter

 la chaqueta

 los pantalones

 el delantal

 la camisa

 el abrigo

 el chándal

 los pantalones cortos

 los calzoncillos

 el traje de baño

 el bañador

 el bikini

 la corbata

 el cinturón

 los tirantes

 el cierre

 el botón

 la bufanda

 los lentes

 los lentes del sol

 la chapa

 el reloj

 el calcetín

 el guante

el sombrero

la gorra

el casco

 la bota

 la zapatilla de deporte

 la zapatilla de ballet

 la zapatilla

 el zapato

 la sandalia

33

El taller

 Busca trece ratones

 la caja de herramientas

la regadera

el clavo

 el martillo

 la navaja

 el destornillador

la lata

 la araña

la sierra

el torno de banco

la llave

el gusano

el cubo

la pala

el fósforo

la caja de cartón

la rueda

la manguera

la cuerda

la polilla

la llave inglesa

el escobón

35

El parque

Busca siete pelotas de fútbol

la piscina para niños

el chico

el pájaro

el sándwich

la raqueta de tenis

la hamburguesa

la cometa

el bebé

el perrito caliente

las papas fritas

la silla de ruedas

la chica

los columpios

el subibaja

la rueda

el tobogán

Partes del cuerpo

la cabeza

la oreja

la lengua

la nariz

la boca

los dientes

el ojo

la espalda

la panza

el ombligo

el brazo   la pierna   el codo   la rodilla

la mano   el pie   el dedo   el pulgar   el trasero

el pelo largo   el pelo corto   el pelo rizado   el pelo lacio

Acciones

dormir

montar en bicicleta

montar a caballo

sonreír

reír

llorar

cantar

caminar

correr

saltar

patear

| escribir | pintar | dibujar | leer | cortar | pegar |

sentarse   estar de pie   empujar   jalar

comer   beber   lavarse   besar   saludar con la mano

Las formas

el óvalo

el círculo

la medialuna

el triángulo

el cuadrado

el rectángulo

la estrella

Los colores

rojo

rosa

amarillo

marrón

gris

azul

morado

blanco

verde

negro

naranja

42

Los números

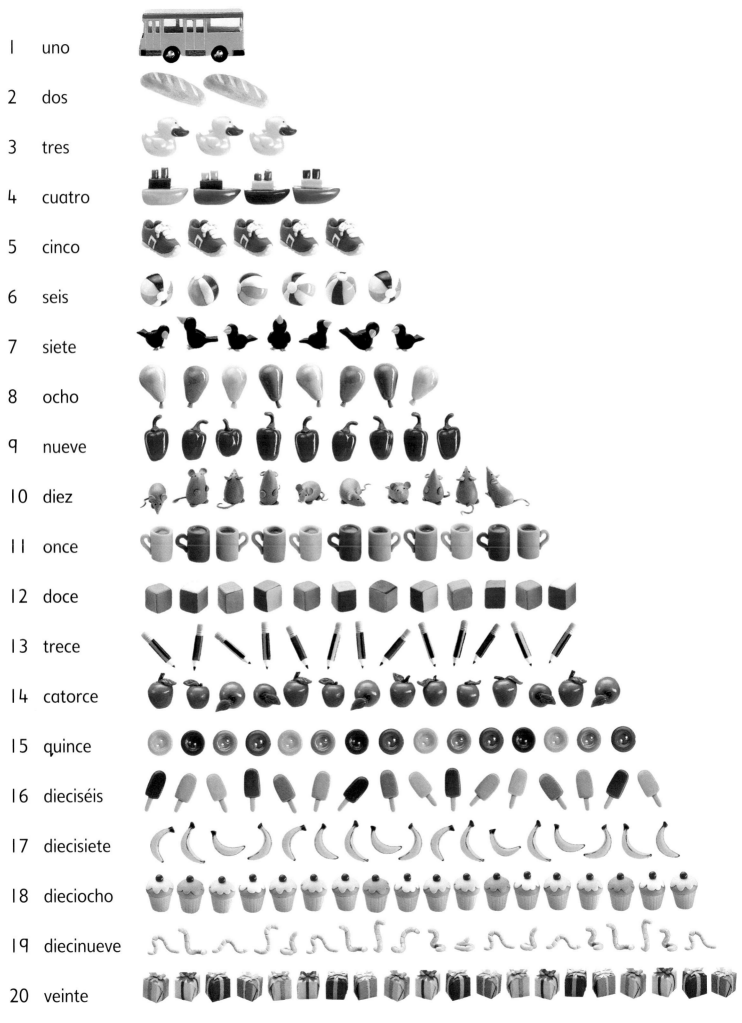

1 uno

2 dos

3 tres

4 cuatro

5 cinco

6 seis

7 siete

8 ocho

9 nueve

10 diez

11 once

12 doce

13 trece

14 catorce

15 quince

16 dieciséis

17 diecisiete

18 dieciocho

19 diecinueve

20 veinte

43

Word list

In this list, you can find all the Spanish words in this book. They are listed in alphabetical order. Next to each one, you can see its pronunciation guide (how to say it) in letters *like this*, and then its English translation.

Spanish nouns (words for objects) are either masculine or feminine. In the list, each one has **el** or **la**, **los** or **las** in front of it. These all mean "the". **El** and **los** are used in front of masculine nouns and **la** and **las** are used in front of feminine ones. **Los** and **las** are used in front of words that are plural (a noun is plural if there is more than one of something, for example "cats").

About Spanish pronunciation

Read each pronunciation as if it were an English word, but remember the following points about how Spanish words are said:

● Most Spanish words have a part that you stress, or say louder (like the "day" part of the English word "today"). So that you know which part of each word you should stress, it is shown in capital letters.

● The Spanish **r** is made by a flap of the tip of your tongue on the top of your mouth. At the beginning of the word, it is rolled like **rr** (see below).

● The Spanish **rr** is a rolled "rrrrr" sound. It is shown as "rr" in the pronunciations.

● A few Spanish words are said differently depending on what part of the world you are in. When you see "th" in the pronunciations, it is said like "th" in "thin" in most of Spain. But in southern Spain and in South America, it is said like the "s" in "say".

● When you see "g" in a pronunciation, say it like the "g" in garden.

a

la abeja	la aBEha	bee
el abrigo	el aBREEgo	apron
la abuela	la aBWEla	grandmother
el abuelo	el aBWElo	grandfather
las acciones	lass aktheeONess	actions
el agua	el Agwa	water
el aguacate	el agwaKAtay	avocado
el álbum de fotos	el Alboom day FOtoss	photo album
la alfombra	la alFOMbra	carpet
los alimentos	los aleemenTOSS	food
la almohada	la almo-Ada	pillow
amarillo	el amaREEL-yo	yellow
la ambulancia	la ambooLANthee-a	ambulance
el apio	el Apee-o	celery
la araña	la aRANya	spider
las arañas	lass aRANyas	spiders
el árbol	el ARbol	tree
el arroz	el aRROTH	rice
el aspirador	el asspeeraDOR	vacuum cleaner
el astronauta	el asstronA-OOta	astronaut
el ático	el Ateeko	attic
los audífonos	loss aa-ooDEEfonoss	headphones
el autobús	el aa-ootoBOOSS	bus
el avión	el abee-ON	airplane
la azada	la aTHAda	shovel
el azúcar	el aTHOOkar	sugar
azul	el aTHOOL	blue

b

el babero	el baBAIRo	bib
la babosa	la baBOssa	slug
la bailarina	la bylaREEna	dancer (woman)
el bañador	el banyaDOR	swimming trunks
la bandeja	la banDEha	tray
la bañera	la banYAIRa	bathtub
el barco	el BARko	boat
los barcos	loss BARkos	boats
la bata	la BAta	bathrobe
el bebé	el beBAY	baby
beber	beBER	to drink
el becerro	el bethAIRRo	calf
la berenjena	la berenHENa	eggplant
besar	bessAR	to kiss
la bicicleta	la beetheeKLEta	bicycle
el bikini	el beeKEEnee	bikini
el billete	el beel-YETai	ticket
blanco	el BLANko	white
la boca	la BOka	mouth
la bolsita de té	la bolSEEta day TAY	tea bag
el bombero	el bomBAIRO	fireman
la bota	la BOta	boot
el bote de la basura	el BOtay day la baSSOOra	trash can
el botón	el boTON	button
el brazo	el BRAtho	arm
el brócoli	el BROKolee	broccoli
la bufanda	la booFANda	scarf
el burro	el BOOrro	donkey

c

el caballete	el kabalYEte	easel
el caballo	el kaBALyo	horse
la cabeza	la kaBETHa	head
la cabra	la KAbra	goat
los cacahuetes	loss kakaWETess	peanuts
el cachorro	el kaCHOrro	puppy
el café	el kaFAY	café/coffee
la caja de cartón	la KA-ha day karTON	cardboard box
la caja de herramientas	la KAha day erramee-ENtass	toolbox

Spanish	Pronunciation	English
la calabacita	la kalabaTHEEta	zucchini
el calcetín	el kaltheTEEN	sock
la calculadora	la kalkoolaDOra	calculator
la calle	la KALyay	street
los calzoncillos	loss kalthonSEELyoss	underpants
la cama	la KAma	bed
la cámara de fotos	la KAmara day FOtoss	camera
el camarero	el kamaRAIRo	waiter
el camarón	el kamaRONN	shrimp
caminar	kameeNAR	to walk
el camión	el kamee-ON	truck
el camión de bomberos	el kamee-ON day bomBAIRoss	fire engine
el camión (de reparto)	el kamee-ON (day rePARto)	delivery van
la camisa	la kaMEESSa	shirt
la camiseta	la kameeSSETa	T-shirt/undershirt
el camping	el KAMpeeng	campsite
la canoa	la kaNO-a	kayak
cantar	kanTAR	to sing
el caracol	el karaKOL	snail
la caravana	la karaVANa	trailer
la carnicería	el karneetheREE-a	butcher's shop
el carrete de película	el kaRRETay day peLEEkoola	film (camera)
la carretilla	la karreTEELya	wheelbarrow
la carta	la KARta	letter
las cartas	lass KARtass	playing cards
la casa	la KAsa	house
el casco	el KASSko	helmet
la casita del perro	la kaSEEta dell PErro	doghouse
el casete	el kassETay	cassette
los casetes	loss kaSSETess	cassettes
catorce	kaTORthay	fourteen
el cazo	el KAtho	saucepan
la cebolla	la theBOLya	onion
la cedúla de identidad	la THEDoola day eedenteeDATH	identity card
el cepillo	el thePEELyo	brush
el cepillo de dientes	el thePEELyo day dee-ENtess	toothbrush
el cerdito	el thairDEEto	piglet
el cerdo	el THAIRdo	pig
el cereal	el thayray-AL	cereals
la cereza	la theREtha	cherry
el chabacano	el chabaKAno	apricot
el champiñón	el champeenYON	mushroom
el champú	el tshamPOO	shampoo
el chándal	el chanDAL	sweat suit
la chapa	la CHApa	pin
la chaqueta	la chaKEta	cardigan
la chica	la CHEEka	girl
el chico	el CHEEko	boy
el chile	el CHEElay	chili pepper
la chimenea	la cheemeNAYa	fireplace
el chocolate	el chokoLAtay	chocolate
el chorizo	el choREEtho	salami
el cierre	el theeAIRay	zipper
cinco	THEENko	five
el cine	el THEEne	movie theater
la cinta adhesiva	la THEENta adesEEba	tape
la cinta de vídeo	la THEENta day BEEdayo	video tape
el cinturón	el theentooRON	belt
el círculo	el THEERkoolo	circle
la ciruela	la theerWEla	plum
la ciudad	la theeooDATH	town
la clase	la KLA-say	classroom
el clavo	el KLA-bo	nail
el coche	el KOchay	car
el coche de carreras	el KOchay day kaRRAIRass	race car
el coche de policía	el KOchay day poleeTHEE-a	police car
el coche deportivo	el KOchay deportTEEbo	sports car
el cochecito de niño	el kocheTHEEto day NEENyo	baby buggy
los coches	loss KOchess	cars
la cocina	la koTHEEna	kitchen
el coco	el KOko	coconut
el cocodrilo	el cocoDREElo	crocodile
el codo	el KOdo	elbow
el cohete	el ko-Etay	rocket
el cojín	el koHEEN	cushion
la col	la kol	cabbage
el colador	el kolaDOR	strainer
el colegio	el koLEheeyo	school
el colgador	el kolgaDOR	clothes peg
la coliflor	la koleeFLOR	cauliflower
los colores	loss koLORess	colors
los columpios	loss koLOOMpee-oss	swings
comer	koMER	to eat
la cometa	la koMETa	kite
la cómoda	la KOmoda	chest of drawers
la computadora	la kompootaDORa	computer
el conejo	el koNEho	rabbit
la corbata	la korBAta	tie
el cordero	el korDAIRo	lamb
correr	koRRAIR	to run
la cortadora de pasto	la kortaDORa day PASSto	lawnmower
cortar	korTAR	to cut
la cortina	la korTEEna	curtain
la crema	la KRAYma	cream
el cuaderno	el kwaDAIRno	notebook
el cuadrado	el kwaDRAdo	square
el cuarto de baño	el KWARto day BANyo	bathroom
el cuarto de estar	el KWARto de essTAR	living room
cuatro	KWAtro	four
el cubo	el KOObo	bucket
los cubos	loss KOOboss	(toy) blocks
la cuchara	la kooCHArra	spoon
el cuchillo	el kooCHEELyo	knife
la cuerda	la KWAIRda	string/rope
el cuerpo	el KWAIRpo	body

d

Spanish	Pronunciation	English
el dedo	el DEdo	finger
el delantal	el delanTAL	apron
el despertador	el despertaDOR	alarm clock
el destornillador	el desstorneelyaDOR	screwdriver
el detergente	el detairHENtay	dish soap
dibujar	deebooHAR	to draw
diecinueve	dee-etheeNWEWbay	nineteen
dieciocho	dee-ethee-Ocho	eighteen
dieciséis	dee-etheeSAYSS	sixteen
diecisiete	dee-etheesee-Etay	seventeen
los dientes	los dee-ENtes	teeth
diez	dee-ETH	ten
el dinero	el deeNAIRo	money
el disco compacto	el DEESko komPAKto	CD
doce	DOthay	twelve
dormir	dorMEER	to sleep
el dormitorio	el dormeeTORee-o	bedroom
dos	doss	two
la ducha	la DOOcha	shower
el dulce	el DOOLthay	candy

e

el edredón	*el edreDON*	comforter
los ejotes	*loss ay-HOTess*	green beans
el elefante	*el eleFANtay*	elephant
empujar	*empooHAR*	to push
la escalera	*la eskaLAIRa*	stairs
la escavadora	*la esskabaDORa*	bulldozer
el escobón	*el eskoBON*	broom
escribir	*esskreeBEER*	to write
el escritorio	*el esskreeTOReeyo*	desk
la espalda	*la essPALda*	back (part of the body)
el espejo	*el essPEho*	mirror
las espinacas	*lass esspeeNAkass*	spinach
la esponja	*la essPONha*	sponge
el estacionamiento	*el estath-yonnamee-ENto*	parking lot
el estanque	*el essTANkay*	pond
estar de pie	*essTAR de pee-AY*	to stand
el estéreo	*el essTAIRayo*	stereo
la estrella	*la essTRELya*	star
el estudio	*el essTOOdeeyo*	study
la estufa	*la esTOOfa*	stove

f

la falda	*la FALda*	skirt
la familia	*la faMEELya*	family
la farmacia	*la farMATHeeya*	pharmacy
el farol	*el faROL*	lamppost
la fiesta	*la fee-ESSta*	party
la flauta	*la FLA-OOta*	recorder
la flor	*la flor*	flower
las formas	*lass FORmass*	shapes
el fósforo	*el FOSSforro*	match
la fotografía	*la fotograFEEya*	photograph
la frambuesa	*la framBWEssa*	raspberry
el fregadero	*el fregaDAIRo*	sink
la fresa	*la FREssa*	strawberry
el frutero	*el frooTAIRo*	fruit bowl

g

la galleta	*la galYETa*	cookie
la gallina	*la galYEENa*	hen
el gallo	*el GALyo*	rooster
el ganso	*el GANso*	goose
la gasolinera	*la gassoleeNEra*	gas station
el gatito	*el gaTEEto*	kitten
los gatitos	*los gaTEEtoss*	kittens
el gato	*el GAto*	cat
el globo	*el GLObo*	balloon
el globo aéreo	*el GLObo a-Erayo*	hot air balloon
la goma	*la GOma*	eraser
la gorra	*la GORRa*	cap
la grabadora	*la grabaDORa*	cassette player
el granero	*el graNAIRo*	barn
la granja	*la GRANha*	farm
el granjero	*el granHAIRo*	farmer
el grifo	*el GREEfo*	faucet
gris	*el GREESS*	gray
el guante	*el GWANtay*	glove
los guisantes	*loss geeSSANtess*	peas
la guitarra	*la geeTARRa*	guitar
el gusano	*el gooSSAno*	worm
los gusanos	*loss goo-SAnoss*	worms

h

la hamburguesa	*la amboorGESSa*	hamburger
la harina	*la aREEna*	flour
el helado	*el eLAdo*	ice cream
el helicóptero	*el eleeKOPtairo*	helicopter
la hermana	*la airMANa*	sister
el hermano	*el airMANo*	brother
la hija	*la EEha*	daughter
el hijo	*el EEho*	son
la hoja	*la Oha*	leaf
la hormiga	*la orMEEga*	ant
el hospital	*el osspeeTAL*	hospital
el hueso	*el WEsso*	bone
el huevo	*el WEbo*	egg

i

el inodoro	*el eenoDORRo*	toilet
el interruptor de la luz	*el eenterroopTOR day la LOOTH*	light switch

j

el jabón	*el haBON*	soap
jalar	*haLARR*	to pull
el jamón	*el haMON*	ham
el jardín	*el harDEEN*	yard
la jarra	*la HArra*	jug
el jarrón	*el haRRON*	vase
el jersey	*el hairSSAY*	sweater
la jirafa	*la heeRAfa*	giraffe
el jugo	*el HOOgo*	juice
los juguetes	*loss hooGETess*	toys

k

el kiwi	*el KEEwee*	kiwi

l

la lámpara	*la LAMpara*	lamp
los lápices de colores	*loss LApeethes day koLORess*	crayons
el lápiz	*el LApeeth*	pencil
el lápiz de color	*el LApeeth day koLOR*	crayon
la lata	*la LAta*	can
el lavabo	*el LAbabo*	sink
la lavadora	*la labaDORa*	washing machine
el lavaplatos	*el labaPLAtoss*	dishwasher
lavarse	*laBARssay*	to wash yourself
la leche	*la LEchay*	milk
la lechuga	*la leCHOOga*	lettuce
leer	*layAIR*	to read
la lengua	*la LENgwa*	tongue
los lentes	*loss LENNtess*	glasses
los lentes de sol	*loss LENNtess day sol*	sunglasses
el león	*el layON*	lion
el libro	*el LEEbro*	book
la lima	*la LEEma*	lime
el limón	*el leeMON*	lemon
la linterna	*la leenTAIRna*	flashlight
el listón	*el leeSTON*	ribbon
la llave	*la LYAbay*	key
la llave inglesa	*la LYAbay eenGLESSa*	wrench
llorar	*lyoRAR*	to cry

m

la maceta	*la maTHEta*	flowerpot
la madre	*la MAdray*	mother
el maíz	*el ma-EETH*	corn
la maleta	*la maLETa*	suitcase
las mallas	*lass MAlyass*	tights
el mango	*el MANgo*	mango
la manguera	*la manGAIRa*	hose
la manilla	*la maNEELya*	door handle
la mano	*la MAno*	hand
la manta	*la MANta*	blanket
la mantequilla	*la manteKEELya*	butter
la manzana	*la manTHAna*	apple
las manzanas	*lass manTHAnass*	apples
el mapa	*el MApa*	map
la máquina de coser	*la MAkeena day kosSAIR*	sewing machine
la marioneta	*la maree-oNETa*	puppet
la mariposa	*la mareePOSSa*	butterfly

Spanish	Pronunciation	English
la mariquita	la mareeKEEta	ladybug
marrón	el maRRON	brown
el martillo	el marTEELyo	hammer
la medialuna	la MEdee-a-LOOna	crescent
la médica	la MEdeeka	doctor (woman)
el melocotón	el melokoTON	peach
el melón	el meLON	melon
la mermelada	la mairmeLAda	jelly
la mesa	la MEsa	table
la mesita	la messEETa	night stand
el microondas	la meekro-ONdass	microwave
la miel	la mee-EL	honey
la mochila	la moCHEELa	backpack
el monedero	el moneDAIRo	coin purse
el monopatín	el monopaTEEN	skateboard
montar en bicicleta	monTAR en beetheeKLETa	to ride a bike
montar a caballo	monTAR a kaBALyo	to ride a horse
morado	el moRAdo	purple
la mostaza	la mossTAtha	mustard
la moto	la MOto	motorcycle
la muñeca	la moonYAYka	doll

n

naranja	el naRANha	orange (color)
la naranja	la naRANha	orange (fruit)
la nariz	la naREETH	nose
la navaja	la naBAha	pocketknife
la nave espacial	la NAbay espathee-AL	spaceship
negro	el NEgro	black
el nido	el NEEdo	nest
la nieta	la nee-ETa	granddaughter
el nieto	el nee-ETo	grandson
nueve	NWEbay	nine
los números	loss NOOmaiross	numbers

o

ocho	Ocho	eight
la oficina de correos	la offe-THEEna day koRRREoss	post office
el ojo	el Ocho	eye
el ombligo	el omBLEEgo	belly button
once	ONthay	eleven
la oreja	la oREha	ear
el orinal	el oreeNAL	potty chair
la oruga	la oROOga	caterpillar
el osito de peluche	el osSEEto day peLOOchay	teddy bear
los ositos de peluche	loss osSEEtoss day peLOOchay	teddy bears
el óvalo	el Obalo	oval
la oveja	la oBEha	sheep

p

el padre	el PAdray	father
la paja	la PAya	(drinking) straw
el pájaro	el PAharo	bird
los pájaros	loss PAhaross	birds
la pala	la PAla	shovel
las palomitas	lass paloMEEtass	popcorn
el pan	el PAN	bread
la panadería	la panadeREEya	baker's shop
el panadero	el panaDAIRO	baker (man)
la pandereta	la pandeRETa	tambourine
los pantalones	loss pantaLOness	pants
los pantalones cortos	loss pantaLOness KORtoss	shorts
la panza	la PANtha	belly
la papa	la PApa	potato
las papas fritas	lass PApass FREEtass	French fries
el papel	el paPEL	paper
el papel higiénico	el paPEL eehee-ENeeko	toilet paper

Spanish	Pronunciation	English
las papitas fritas	lass paPEEtass FREEtass	chips
la parada de autobús	la paRAda de aootoBOOss	bus stop
el paraguas	el paRAgwass	umbrella
el parque	el PARkay	park
la parrilla	la paREELya	barbecue grill
el pasamanos	el passa-MAnoss	banister
las pasitas	lass paSSEEtass	raisins
la pasta	la PASSta	pasta
la pasta de dientes	la PASSta day dee-ENtess	toothpaste
el pastel	el passTELL	cake
patear	patay-ARR	to kick
el patinete	el pateeNETay	scooter
el patito	el paTEEto	duckling
el pato	el PAto	duck
el pavo	el PAbo	turkey
el payaso	el paYAsso	clown
el pegamento	el pegaMENto	glue
pegar	peGAR	to stick
el peine	el PAYnay	comb
el pelo	el PElo	hair
el pelo corto	el PElo KORto	short hair
el pelo lacio	el PElo LAthee-o	straight hair
el pelo largo	el PElo LARgo	long hair
el pelo rizado	el PElo ree-THAdo	curly hair
la pelota de fútbol	la peLOta day FOOTbol	soccer ball
las pelotas de fútbol	lass peLOtass day FOOTbol	soccer balls
el pepino	el pePEEno	cucumber
la pera	la PEra	pear
el periódico	el peree-Odeeko	newspaper
el perrito caliente	el peRREEto kaleeYENtay	hotdog
el perro	el PErro	dog
la persiana	la pairsee-Ana	blind
el pescado	el pesKAdo	fish
el peto	el PEto	overalls
el piano	el pee-Ano	piano
el pie	el pee-AY	foot
la pierna	la pee-AIRna	leg
el pijama	el pee-HAma	pajamas
la pimienta	la peemee-YENta	pepper
el pimiento	el peemee-YENto	bell pepper
la piña	la PEEnya	pineapple
el pincel	el peenTHEL	paintbrush
pintar	peenTAR	to paint
la pintura	la peenTORa	paint
el pirata	el peeRATa	pirate
la piscina	la peessTHEEna	swimming pool
la piscina para niños	la peessTHEEna para NEEnyoss	wading pool
la pizarra	la peeTHArra	chalkboard
la pizza	la PEETza	pizza
la plancha	la PLANcha	iron
la planta	la PLANta	plant
el plátano	el PLAtano	banana
el platillo	el plaTEELyo	saucer
el plato	el PLAto	plate
la pluma	la PLOOma	pen
las plumas	la PLOOmass	pens
el policía	el poleeTHEE-a	policeman
la polilla	la poLEELya	moth
el pollito	el poLYEEto	chick
el pollo	el POlyo	chicken
el porro	el PORRo	leek
los prismáticos	los preessMATeekoss	binoculars
el profesor	el profeSSOR	teacher (male)
el puente	el PWENtay	bridge
la puerta	la PWAIRta	door/gate
el pulgar	el poolGAR	thumb

q el queso	el KEsso	cheese
quince	KEENthay	fifteen
r la radio	la RAdee-o	radio
la raqueta de tenis	la raKEta day TEneess	tennis racket
el rastrillo	el rasTREELyo	rake
el ratón	el raTON	computer mouse/ mouse
los ratones	loss raTONess	mice
el recogedor	el rekoheDOR	dustpan
el rectángulo	el recTANgoolo	rectangle
el refrigerador	el refri-heraDOR	refrigerator
la regadera	la regaDAIRa	watering can
el regalo	el reGAlo	present (gift)
la regla	la REgla	ruler
reír	rayEER	to laugh
el reloj	el reLOH	clock/watch
la remolacha	la remoLAcha	beets
la revista	la reBEESSta	magazine
el robot	el roBOT	robot
la rodilla	la roDEELya	knee
rojo	el ROho	red
el rompecabezas	el rompaykaBEthass	jigsaw puzzle
la ropa	la ROpa	clothes
rosa	el ROssa	pink
el rotulador	el rotoolaDOR	felt-tip pen
la rueda	la RWEda	wheel/merry-go round
s el sacapuntas	el sakaPOONtass	pencil sharpener
la sal	la SAL	salt
la salchicha	la salCHEEcha	sausage
la salsa catsup	la SALsa KATsoop	tomato ketchup
saltar	salTAR	to jump
saludar con la mano	salooDAR kon la mano	to wave
la sandalia	la sanDALeeya	sandal
la sandía	la sanDEEya	watermelon
el sándwich	el SANDveech	sandwich
la sartén	la sarTEN	frying pan
seis	SAYSS	six
las semillas	lass seMEELyas	seeds
sentarse	senTARsse	to sit down
la serpiente	la sairpee-ENtay	snake
la sierra	la see-Erra	saw
siete	see-Etay	seven
la silla	la SEELya	chair
la silla alta para niños	la SEELya ALta para NEEnyoss	highchair
la silla de ruedas	la SEELya day RWEdass	wheelchair
la silleta	la seelYEta	stroller
el sillón	el seelYON	armchair
la sirena	la seeRENa	mermaid
el sofá	el soFA	sofa
el sombrero	el somBRAIRo	hat
sonreír	sonrayEER	to smile
la sopa	la SOpa	soup
el subibaja	el soobeeBAha	seesaw
el submarino	el soobmaREEno	submarine
el suéter	el SWEtair	sweatshirt
el supermercado	el soopermerKAdo	supermarket
t la tabla de planchar	la TAbla day planCHAR	ironing board
el taburete	el tabooRETay	stool

el taller	el talYAIR	workshop
el tambor	el tamBOR	drum
el tapete	el taPAYtay	carpet
el tapón	el taPON	plug (for sink)
la tarjeta	la tarHETa	card
el taxi	el TAKsee	taxi
la taza	la TAtha	cup
las tazas	lass TAthass	cups
el tazón	el taTHON	bowl/cup
el techo	el TEcho	roof
el teleférico	el teleFEreeko	ski lift
el teléfono	el teLEFono	telephone
la televisión	la telebeessee-ON	television
el tenedor	el teneDOR	fork
la tienda de campaña	la tee-ENda day kamPANya	tent
las tiendas	lass tee-ENdass	stores
las tijeras	lass teeHAIRass	scissors
los tirantes	loss teeRANtess	suspenders
la tiza	la TEEtha	chalk
la toalla	la toALya	towel
el tobogán	el toboGAN	slide
el tocino	el toTHEEno	bacon
el tomate	el toMAtay	tomato
los tomates	loss toMAtess	tomatoes
el torno de banco	el TORno day BANko	vice
el toro	el TOro	bull
la toronja	la toRONha	grapefruit
el tostador de pan	el tostaDOR day PAN	toaster
el tractor	el trakTOR	tractor
el traje de baño	el TRAhay day BANyo	swimsuit
el transporte	el tranSPORtay	transportation
el trasero	el traSAIRo	bottom (part of the body)
trece	TREthay	thirteen
el tren	el TREN	train
tres	TRESS	three
el triángulo	el tree-ANgoolo	triangle
la trompeta	la tromPEta	trumpet
u uno	OOno	one
las uvas	las OObas	grapes
v la vaca	la BAka	cow
el vaquero	el baKAIRo	cowboy
los vaqueros	loss baKAIRoss	jeans
veinte	BAYntay	twenty
la vela	la BEla	candle
la ventana	la benTAna	window
verde	el BAIRday	green
el vestíbulo	el beSTEEboolo	hall
el vestido	el besSTEEdo	dress
el vídeo	el BEEday-o	video recorder
y el yogur	el yoGOOR	yogurt
z la zanahoria	la thana-ORee-a	carrot
la zapatilla	la thapaTEELya	slipper
la zapatilla de ballet	la thapaTEELya day baLET	ballet shoe
la zapatilla de deporte	la thapaTEELya day dePORtay	tennis shoe
el zapato	el thaPAto	shoe

Additional models: Les Pickstock, Barry Jones, Stef Lumley and Karen Krige. With thanks to Vicki Groombridge, Nicole Irving and the Model Shop, 151 City Road, London.

First published in 1999 by Usborne Publishing Ltd, Usborne House, 83-85 Saffron Hill, London EC1N 8RT, England. www.usborne.com
Copyright © Usborne Publishing Ltd, 1999.
First published in America 1999. AE

Printed in Spain